Marie Lumineau

VEUX TU SAVOIR QUI

TU ES ?

20/05/2014

I

Une femme est présente, assise sur une chaise.
Une ambiance solitaire et pourtant...

Elle regarde droit devant elle, puis prononce ces
quelques mots.

" Regardez moi, vous pensez que je suis seule.

La sensation d'être aussi fragile qu'une feuille,

Qui tombe lentement jusqu'au sol, sur la terre.

Avec l'envie de ne plus rien faire."

A ce moment, elle se lève en direction de l'armoir.
Elle prend deux verres et une bouteille. Cette
bouteille semble remplit d'un liquide rouge et
clair. Puis elle s'assit.

"Pensez vous savoir qui vous êtes ?

Que votre vie s'arrête simplement à la fête.

A avoir un maximum, sans connaitre

Véritablement le fin fond de votre être.

Cette bouteille est rouge, l'apparence.

Votre vision, votre jugement, je m'en balance.

Certains penseront qu'il s'agit de vin,

D'autres diront qu'il s'agit de jus de raisin.

Alcoolique ou pas, Seule ou pas,

La vie ne se résume pas à ce qu'on voit."

Elle sourit, puis se sert un verre. Ce verre, elle le lève devant elle tout en le fixant.

"Cette couleur à la lumière, sublime le contenu.

Construire sa vie de manière claire, aux heures perdus.

Ce verre brille, j'ai une envie de le boire,

Comme une vie étincellante, remplit d'espoir."

Elle pose le verre sur la table près d'elle, puis se retourne.

"Vous pensiez que j'allais boire ce verre.

Et pourtant j'ai appris à regarder avant de faire,

Observer, j'ai passé ma vie à me distraire.

Faire le tour du monde sur cette Terre.

J'ai eu la chance d'apprécier des paysages.

Soit d'une beauté unique ou simplement des mirages.

Il y a douze ans, j'étais dans un village, dans une tribu.

J'étais là pour prendre des photos, à l'inconnu.

Puis une femme s'est approchée de moi.

Occidentale, j'ai choisi de reculer et être froide.

Mais cette femme, vétûe d'une robe rouge,

Avait insiter, sans que je bouge.

Me rassurant, elle me parlait en français.

Etonnée ! J'ai discuté avec elle.

Elle résumait sa vie en un mot : Belle...

Et trois ans après, je suis partie sur ce quai.

A la recherche de sentiments nouveaux,

D'histoires, de vies apprécier ce qui est Beau."

II

La nuit commençait à tomber, elle allait chercher une bougie et une boite d'allumettes. Une fois la bougie allumée elle s'assit de nouveau sur cette chaise.

" Je suis encore là, sur cette chaise.

A vous raconter mes pensées, à mon aise.

Vous voyez cette bougie ? Cette flamme ?

Serait ce le reflet de mon âme ?

A la fois lumineuse et brûlante.

Qui permet d'éclairer les noirceurs,

Et de brûler dès qu'on l'effleur.

Qui suis je ? Pour être là à vous parler,

Comme si j'étais la seule que vous écoutez.

J'ai passé ma vie à savoir qui j'étais.

Me connaitre, pour mieux avancer,

Rechercher au fond de moi une grande paix.

Et apprécier la vie, telle qu'elle est."

Elle se lève lentement, puis marche. Cette personne d'un âge incertain, un peu bossu, s'assit sur son lit.

" Il est tard, enfin l'heure d'aller se coucher.

Le moment où le corps a besoin de se reposer.

C'est un besoin et l'esprit a une envie.

L'envie de se rappeler des évènements de la journée,

Histoire de se rassurer, s'est elle bien passée ?

Mais je suis arrivée à ne plus y penser,

A me dire que les regrets n'ont pas d'utilités."

Le lit est à l'horizontale, elle s'allonge puis tourne sa tête et sourit.

"Je repense plutôt à ma vie, à toutes ces années..."

"Je me souviens d'un matin sur Paris,

Il était 7h00 et le ciel à moitié gris.

J'allais cherché mon journal et mon pain,

Quand j'ai croisé à quelques pas de chez moi.

Cet enfant seul et qui avait faim.

Je me suis approchée de lui, doucement,

Lui demandant si tout allait bien.

A la fois perdu, et tremblant.

J'ai longuement discuté avec lui,

Et c'est sur cette phrase que j'ai fini,

Sur ces mots qu'il avait compris.

On ne voit que le ciel, quand on est à terre,

On voit ses rêves quand on vit des cauchemars.

On gagne au moment où l'on perd,

Qu'il n'est jamais trop tôt, ni trop tard."

Elle s'endort...

III

Toujours assise, elle boit son café comme tous les matins.

" Vous êtes encore là, vous n'êtes pas partis ?

Vous avez vraiment ce désir, cet envie,

De connaitre toute ma vie ?

Rassurez vous, quand j'aurais fini,

Vos vies ne changeront pas, mais vous êtes tout ouie.

Et ces mots resteront dans vos esprits"

Elle reprend un café et une cigarette.

" Je vois là, des regards un peu tendus,

Est ce le café que j'ai bu ?

Ou bien ce tabac consumé ?

Et qui est un symbole d'une vie terminée.

La mort, voilà un sujet difficile,

Et pourtant nos vies tiennent sur un fil.

J'ai préféré fumer ma vie, avant qu'elle me consume,

J'ai préféré respirer l'herbe, que de dormir sur le bithume.

Mourir fait pourtant partit de la vie,

La dernière étape sans soucis.

Au fond l'inconnu est la plus grande peur,

Perdre ses repères, ne plus connaitre l'heure.

Voilà le mal de l'Homme, son plus grand malheur.

Et paradoxalement un bien, pour le coeur."

L'horloge sonne, un peu comme toutes les heures.

" Pas de hasard si je parle du temps,

Et que cette horloge sonne tranquillement.

On critique tant le temps qui passe,

On se bat contre lui ou on se lasse.

Et pourtant il est prévu pour qu'il soit parfait.

Le temps est ni trop long ni trop court.

Il est calculé pour qu'on soit normalement satisfait,

Et qu'on n'est pas ce sentiment d'un temps lourd.

Apprécier déjà le présent et voir que les secondes

Reflète une respiration, sur la même longueur d'ondes.

Certes, vous avez peut être l'impression que le temps

Est incontrolable, alors il fait peur.

Prenez le temps d'apprécier déjà chaque heure."

IV

Il est 11h00, au pied de l'immeuble dans un bistrot de la ville, on retrouve cette vieille femme à une table, toujours seule. Elle décrit son environnement avec une pointe d'ironie rien qu'à elle.

" Quand je vois tous ces gens, de profil ou de face,

Je me demande bien qu'elle est ma place.

Cet homme au bout du comptoir,

Ce regard vide, triste et sans espoir.

Buvant son verre de whisky comme si c'était de l'eau.

Il se noit dedans, rien de très beau.

Serait ce de mon devoir de parler un peu avec lui ?

Et comprendre ensemble que simplement, il fuit.

Un peu plus loin, un vieil homme

Assis entre jeux de hasard, boissons en somme,

Des vices qui ne lui apportent qu'illusion et espérance.

L'impression qu'il n'a jamais quitter son enfance.

Et cette femme d'affaires avec sa malette,

Son portable, sa montre, ses chaussures, son apparence,

Cette sensation qu'elle est belle et bien prête

A vendre des faux besoins, à une terre bien innoncente.

A ma droite, ce chien qui est là depuis sept ans.

Lui ne compte plus les gens ni son temps,

Il se fait caresser par tout le monde, surtout les enfants.

Patient, il oublie que ces hommes peuvent être méchant.

Je pourrais rester là pendant des heures,

Juste à observer les comportements de leurs malheurs,

A savoir qui sont ces personnes que je croisent du regard,

Et me demander qui se détache de tout ce noir.

Et si une personne me regardait aussi ?

Je serais alors observer avec mépris.

Car qui suis je ? Pour interpréter les gestes de chacun,

Et me dire qu'il sont comme je les vois ce matin.

Je peux me tromper, comme avoir raison,

Quel est mon intérêt de connaitre les gens ?

Aurais je peur de l'autre ? Dois je me faire une raison?

Que je suis comme ceux qui m'entoure, un sentiment,

D'égalité et non d'infériorité en somme, somme nous tous les mêmes ?"

Comme à son habitude depuis 5 ans, elle déjeune chez elle, puis s'assit sur cette chaise vide.

" Alors, vous êtes toujours attentif a mes propos ?

Pourtant, je dois être lourde à parler avec tant de maux,

Pas facile de se concentrer sur une et même personne,

Quand le monde propose tant de choix.

Et qu'on se croit libre de changer mille fois.

La liberté, ce que l'homme cherche avant tout,

Un sentiment subjectif et propre à chacun d'entre nous.

Et si la liberté commence là où les limites s'imposent."

(Silence)

" Est ce un signe, du hasard si vous êtes là à
m'écouter ?

Mon expérience m'a permis de comprendre qu'il
ne faut pas nier,

Que la plus belle force est la Nature, ce monde qui
nous entoure.

Rien n'est du au hasard la terre tourne en rond, et
qu'on la contourne,

Comme si on était des extra-terrestre, comme si
on n'appartient pas

A ce bout de territoire qui nous a vu naitre et vivre.

La nature est parfaite et l'Homme ne voit que le
pire.

Pourquoi a t il besoin de complexifier sa propre
nature ?

Comme si l'homme a besoin de souffrir pour savoir
qui il est.

Pourquoi détruit il la Vie pour voir le futur ?

Comme si l'Homme a besoin de défaire pour

comprendre ce qu'il est.

Et oui, malheuresement c'est dans le noir qu'on voit le jour,

L'homme doit toucher le contre, pour pouvoir voir le pour.

J'ai connu tant d'obstacles qu'il m'est impossible d'étaler,

Et je n'ai aucune envie de détailler mon passé.

N'oubliez pas que si la vie vous offre un chemin,

Un chemin dont vous ne désiriez pas, ou ne pensiez pas,

Ce n'est pas du hasard, il y aura une raison, une fin.

Un but que vous comprendrez plus tard, ayez foi."

Regardant par la fenêtre, elle s'aperçoit que le soleil est au rendez vous. Elle en profite pour sortir un peu de chez elle. Enfermée de jour en jour, elle décide d'aller faire un tour dans son jardin, et manger une pomme.

"Respirer, cet air pur, ce don que la vie nous procure.

J'aime prendre le temps d'admirer ce qui est naturelle.

Et pourtant c'est si simple, et loin d'être si dur,

D'utiliser ces cinq sens, pour voir que la nature est belle.

Regardez cette pomme, un fruit qui n'apparaît pas
par hasard,

Qui suit un processus logique pour arriver à
maturité.

Tout comme l'Homme, pour savoir qui on est,

Il faut parcourir, passer des racines jusqu'au tronc.

Passer par des météos ensoleillées ou pluvieux,

Pour voir naitre et murir sa forme et son fond.

Et passer d'un paraitre à un être heureux."

V

Elle s'assit de nouveau sur cette chaise, toujours dans une ambiance solitaire. Avec son verre à droite, la bougie allumée et continue comme si elle avait déjà terminé ce qu'elle avait commencé à dire.

" Je vois que vous ne me quittez pas,

Pensiez vous qu'en m'écoutant vous serez qui vous êtes ?

J'espère que ce n'est pas le cas,

Ne vous attendez pas à une réponse dans votre tête.

Si seulement, les mots pouvaient amener une solution,

Mais seule la Vie vous guidera vers la direction.

Vous désirez être heureux, vivre dans le Bonheur.

Pour toucher au Bonheur, il faut apprendre à vous connaître,

Mais aussi et surtout affronter la difficulté et le malheur,

Savoir prendre du recul, ne pas avoir peur de naitre.

Ne pas avoir peur de tomber sans regarder en bas,

Sauter dans le vide la tête toujours haute,

Apprécier l'inconnu, adorer ses propres peurs, ses combats,

Accepter ses exploits comme ses fautes.

Mettre sa personne dans un équilibre ,

Se laisser vivre, ne pas contrôler la vie,

Mais construire son chemin, un chemin libre.

Se libérer de tout regard d'autrui.

La vie m'a appris qu'il faut rester vrai avec soi même,

Etre vrai, clair vous donnera un sentiment de

Toujours assise, elle respire lentement et reprend.

" Je parle de la Vie sérieusement,

Car, il est tellement important,

De comprendre sa richesse,

Même si beaucoup, l'oublie ou la délaisse.

Peut être que certains ne veulent pas savoir qui ils

sont,

Nier leur propre personne, mais connaître leur mission.

Ils pensent qu'ils sont sur cette Terre, pour un but,

Soit aider les autres, soit partager leurs savoirs.

Comme si leurs êtres avaient une utilité ou une lutte,

Contre ou pour éclairer une lumière dans ce noir.

Mais qui vous dis que le monde est malade ?

Qui vous dis qu'en fin de compte tout est normal ?

Et si les lois de la Nature étaient plus forte que l'Homme..."

L'horloge tourne et il est déjà 22h00, elle va directement au lit, sans prendre le temps de vous saluer. Elle s'endort rapidement, et commence à rêver.

Elle bouge beaucoup dans le lit, pensant qu'un cauchemar lui hante son esprit. Elle prononce quelques mots incompréhensibles.

Il est 6h34, et le soleil se lève tout comme cette femme qui a passé une nuit mouvementée.

" Pour une fois, j'ai bien dormi, je me sens reposée,

Cette sensation quand vous vous sentez vidé.

J'ai fais un rêve mais je ne me rappelle plus,

De ce scénario de nuit, une sensation de déjà vu.

J'ai peut être laissé parler mon inconscience,

Et me libérer du mieux possible, quand j'y pense.

Vous savez, l'Homme est facile à comprendre.

La différence entre le corps et l'esprit est si simple.

Bien sûr, je suis et reste la plus humble.

Dans mes futurs propos, c'est à laisser ou à prendre.

L'esprit prend les informations puis les transforment,

Pour que son mental soit en forme.

Mais le corps encaisse tout,

Et ne peut rien jeter jusqu'au bout.

VI

Nous sommes le Samedi 31 Mai 2014, il est 16h34.
Cette femme, qui depuis le début s'exprime,
décide d'arrêter, mais arrêter quoi ?

"Nous voilà encore une fois réunis, un lien,

Entre vous et moi, qui a débuté un beau matin.

Savoir, connaitre le fin fond de notre esprit,

Il n'y a qu'une règle pour comprendre : la Vie.

Et c'est bien elle qui me fait arrêter.

Parce que j'ai choisi de prendre un autre chemin,

Parce que j'ai envie de vivre et d'apprécier,

Mon destin, Ma vie dont j'ai tant besoin.

J'ai fais une rencontre, digne de ce nom,

J'en ai vu des gens, mais cette personne

Me donne des ailes, j'irais à fond.

Où ? Peu importe, tant que sa voix me résonne.

Car au fond, vous pouvez prendre le temps,

De savoir qui vous êtes, autant de temps,

Que même le temps n'aura pas le temps, c'est tant
dire.

Non, je vous assure que je ne veux pas vous fuir.

Je désire simplement, que vous sachiez,

Que depuis le début vous pensiez.

Que je n'étais qu'une vieille femme,

Dépourvue de sentiments et de flammes.

Mais en fin de compte, et pour terminer.

Je tenais à vous dire que l'âge n'est jamais,

Celui qu'il faut prendre en compte,

Car la différence entre le corps et l'esprit,

Est bien celui de vous dire, que c'est fini.

Terminer, je vais vous dire la vérité.

Je n'ai pas à compteur quatre vingt années,

Mais bien que vingt quatre années..."

MARIE LUMINEAU